Quantas vezes você tent...
não conseg...

Uma forma prática de aprender

MANUAL
PRÁTICO DA
CALCULADORA
HP12C

Escrito por Leonardo Berteli Piveta

Sumário

INTRODUÇÃO

Este manual foi desenvolvido com o intuito de tornar qualquer pessoa mesmo que leiga em relação à utilização da Calculadora Financeira HP 12C competente em seu uso. Profissionais que têm conhecimentos e vivência nas áreas de administração, contabilidade, economia, finanças, engenharias e afins irão através de uma maneira direta compreender as principais funções da Calculadora HP 12C e, após cada nova função aprendida, fixar o conteúdo por meio de um conjunto de exercícios com respostas para conferência.

Todas as explicações são acompanhadas de ilustrações que mostram a sequência de comandos exata para facilitar o aprendizado de pessoas que não estão acostumadas com a calculadora financeira ou não a conhecem.

Contudo, é importante enfatizar que mesmo pessoas que não têm um conhecimento sólido de matemática financeira poderão, através da prática dos exercícios propostos, solucionar problemas e questões que abrangem toda a estrutura de variação do valor monetário no tempo, como por exemplo, juros simples e compostos, rendas uniformes, depreciação, amortização, entre outros.

Portanto, tudo será explicado de forma objetiva visando atingir todos os conhecimentos necessários para que o leitor possa executar com eficiência os comandos da calculadora e esteja preparado para o ambiente profissional.

Leonardo Berteli Piveta

CAPÍTULO 1.

CONHECENDO AS FUNÇÕES BÁSICAS

Leonardo Berteli Piveta

Neste primeiro capítulo apresentaremos as funções mais básicas da Calculadora HP 12C desde ligar até fazer as operações aritméticas fundamentais.

1.1. LIGANDO

Primeiro passo para o uso da calculadora HP 12C é ligá-la. Isto é feito pressionando a tecla ON localizada no canto inferior direito da calculadora, conforme Figura 1.

É valido ressaltar que quando a calculadora é ligada, no visor será sempre mostrado o último valor digitado. Todavia, o desligamento da HP é automático após alguns minutos sem ser utilizada.

Figura 1. Localização do botão de ligar a calculadora.

8

1.2. Testando

Algumas vezes pode acontecer que iremos utilizar aquela calculadora antiga que está guardada no fundo da gaveta. Por isso, existem alguns testes para conferir o correto funcionamento da calculadora.

O primeiro deles é testar o funcionamento geral dela. Para realizar o teste deve-se estar com a calculadora desligada mantém-se a tecla [×] pressionada e pressiona-se a tecla [ON]. Após se solta primeiro a tecla [ON] e depois a [×]. Durante o processo piscará no visor a palavra "Running" e caso esteja tudo certo com a calculadora teremos no visor todas as funções e números ativos.

Adicionalmente, existe um teste que é feito para cada tecla da calculadora. Neste caso, para efetuá-lo devemos estar com a calculadora desligada, segurar pressionada a tecla [÷] e ligar a calculadora. Depois, solta-se a tecla [÷] e começa-se a pressionar os botões da esquerda para a direita pela tecla [n 12×] até [÷] passando por todas, sempre da esquerda para a direita. Detalhe, o botão [ENTER] deve ser pressionado duas vezes.

Ao pressionar as teclas no visor aparecerá o número 12 o qual informa que o botão está funcionando corretamente, caso exista algum erro o visor informará "ERROR 9".

1.3. TECLA SEGUNDA FUNÇÃO

Ao observarmos as teclas da calculadora HP 12C notamos que existem letras na parte inferior de alguns botões escrito em azul e na parte superior em laranja. Estas são segundas funções que as teclas têm e que são ativadas ao pressionar as teclas **f** e **g** seguida pela tecla correspondente da função desejada. Portanto, a tecla **f** liga as funções superiores em laranja e a tecla **g** as funções em azul inferiores do teclado.

1.4. APAGANDO O VISOR

Como em qualquer calculadora quando ocorre algum erro na digitação do valor desejado é possível apagar pressionando a tecla **CLx**, que significa em inglês *Clear X*, pois X é a posição da memória que corresponde ao número do visor, mais adiante explicaremos melhor sobre a memória da HP 12C.

1.5. TROCA DE SINAL

Outra função bastante utilizada em cálculos, principalmente ao trabalhar com fluxos de caixa, é a troca de sinal. A tecla responsável por realizar esta função é a **CHS**.

1.6. Separador Decimal

Na HP 12C é possível trocar o separador decimal entre vírgula e ponto. O processo é simples, com a calculadora desligada, basta segurar o botão ⬛ e ligá-la e então a inversão entre ponto e vírgula nas casas decimais é realizada.

Assim, a representação dos números mudará da seguinte forma:

5,433,678.67 → 5.433.678,67

1.7. Número de Casas Decimais e Arredondamento

Existe uma diferença nas ações de arredondamento de um número e o simples corte nas casas decimais. Primeiro vamos conhecer essas duas funções e depois entendê-las.

Para modificar a quantidade de casas decimais que aparecem no visor deve-se pressionar a tecla ⬛ e depois a tecla numérica correspondente ao número de casas decimais desejadas.

Caso seja desejado o arredondamento do número, o procedimento é similar: aperta-se a tecla ⬛ e o número de casas desejado, após, aperta-se ⬛ novamente e a tecla PMT para efetuar o arredondamento.

Para clarificar, veremos a diferença entre as duas funções no exemplo a seguir:

Digita-se o número: 21,451392359

Pressiona-se as teclas: [ENTER] [f] [3 n!]

No visor teremos: 21,451

Pressiona-se: [f] [9 MEM]

No visor aparecerá: 21,451392359

Pressiona-se [f] [3 n!] + [f] [RND PMT]

No visor teremos: 21,451

Pressiona-se [f] [9 MEM]

O resultado será: 21,451000000

Portanto, podemos notar assim qual é a diferença entre as duas funções, enquanto uma apenas esconde as casas decimais, a segunda apaga completamente os números depois do arredondamento.

1.8. APAGANDO REGISTROS

A calculadora HP 12C tem uma série de funções para apagar os números que ficam salvos durante o uso. Eles estão em destaque na figura 2:

Figura 2. Calculadora com destaque para as teclas que apagam os registros.

Uma das teclas já foi vista que é a CLx, as demais são ativadas pressionando a tecla de segunda função ▢f e suas funções estão descritas na tabela 1:

Tabela 1. Descrição dos apagadores de registros.

▢f	[Σ] – Apaga os registradores de R1 à R6 e os registradores X,Y,Z e T.
▢f	[PRGM] – Apaga o programa
▢f	[FIN] – Apaga os registradores financeiros
▢f	[REG] – Apaga todos os registadores
▢f	[PREFIX] – cancela as teclas f, g, STO, RCL e GTO e apresenta no visor os dez dígitos do número.

Leonardo Berteli Piveta

CAPÍTULO 2.

OPERAÇÕES MATEMÁTICAS

Leonardo Berteli Piveta

Para ter uma melhor compreensão do funcionamento das operações básicas na calculadora, temos que entender primeiro como funciona a memória da calculadora.

1.9. Memória de cálculo

A HP 12C possui 4 memórias transitórias que são denominadas X,Y,Z,T e elas são sequenciais, conforme é mostrado na figura abaixo.

T	
Z	
Y	
X	

A memória X é a que corresponde ao número que aparece no visor, enquanto que para enviar um número para a memória seguinte deve-se apertar a tecla [ENTER].

Para entender melhor vamos apertar os botões [2] [ENTER] [3] [ENTER] [4] [ENTER] [5]. Desta forma, a memória da calculadora estará preenchida desta forma:

T	2
Z	3
Y	4
X	5

Sendo 5 o valor da memória X e, portanto, o que aparece no visor, vamos apertar o botão [R▽ GTO] que alterna entre as memórias e as mostra no visor, assim os números correspondentes às outras memórias aparecerão no visor em ordem.

É importante salientar, as operações sempre ocorrem entre as memórias X e Y e se um quinto valor é adicionado o valor que estava na memória T é perdido.

Além dessas quatro memórias, a calculadora financeira possui outros registrados de valores, os quais nos permitem salvar os valores obtidos nos cálculos. A memória salva até 20 números e eles são distribuídos da seguinte forma:

R_0 até R_9 -> 10 campos de memória

$R_{.0}$ até $R_{.9}$ -> 10 campos de memória

Para salvar os números aperta-se a tecla STO seguida do número do campo que queremos salvar, por exemplo, o de número 2. E para retornarmos o número salvo pressiona-se a tecla RCL seguida do número, neste exemplo, o 2.

Vamos fazer um exercício simples para fixar.

Salve nos campos de memória R_4, R_8 e $R_{.7}$ os números 143, 956, 812.

Resposta:

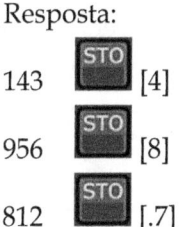

143 STO [4]

956 STO [8]

812 STO [.7]

RCL [4]	Visor: 143
RCL [8]	Visor: 956
RCL [.7]	Visor: 812

Caso, queira-se apagar um único registrador da memória, basta salvar o número zero no campo. Seguindo o exemplo a cima: 0 **STO** [8].

Assim, ao pressionarmos **RCL** [8] não teremos mais o número salvo.

Obs.: Apenas nos registradores 0, 1, 2, 3 e 4 é possível fazer alguma operação aritmética.
Exemplo:

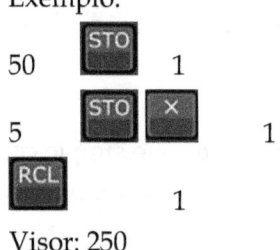

50 **STO** 1

5 **STO** **x** 1

RCL 1

Visor: 250

1.10. OPERAÇÕES ARITMÉTICAS

A forma de cálculo das operações aritméticas na HP 12C é diferente do que em calculadoras normais. Demonstraremos como funcionam estas operações e movimentação dos algarismos na memória da calculadora.

Destaca-se como a memória da calculadora funciona, quando apertamos a tecla [ENTER] ou alguma operação aritmética os números movem-se pelas casas de memórias. Lembrando que a memória X é o número que está aparecendo no visor.

Somaremos 2 e 5, dividiremos 8 por 4 e subtrairemos, por fim, os dois resultados.

$$(2 + 5) - (8 \times 4) = 5$$

T								
Z					7	7		
Y		2	2		7	8	8	7	
X	2	2	5	7	8	8	4	2	5

COMANDOS							
2	ENTER	5	+	8	ENTER	4	÷	−

Seguem alguns exercícios para entendermos melhor o funcionamento:

1) $(157+254) \div (543 - 480)$

2) $(134 \times 17) - (23 \times 63)$

3) $(15 \times 4) + (252 \div 12) \times (122 - 107)$

4) $\dfrac{(44 \times 19) + (1044 \div 12)}{34 - 10}$

Respostas

1)

T							
Z							411
Y		157	157		411	543
X	157	157	254	411	543	543

COMANDOS					
157	ENTER	254	+	543	ENTER

T			
Z	411		
Y	543	411	
X	480	1.13	409.87

COMANDOS

480	÷	−

2)

T				
Z				
Y		134	134		2278
X	134	134	17	2278	23

COMANDOS

134	ENTER	17	×	23

T			
Z	2278	2278		
Y	23	23	2278	
X	23	63	1449	829

COMANDOS

ENTER	63	×	−

3)

T							
Z						60	60
Y		15	15		60	252	252
X	15	15	4	60	252	252	12
	15	ENTER	4	×	252	ENTER	12

T			60	60			
Z		60	21	21	60		
Y	60	21	122	122	21	60	
X	21	122	122	107	15	315	375
	÷	122	ENTER	107	−	×	+

4)

T							
Z						836	836
Y		44	44		836	1044	1044
X	44	44	19	836	1044	1044	12
COMANDOS							
	44	ENTER	19	×	1044	ENTER	12

T							
Z				923	923		
Y	836		923	34	34	923	
X	87	923	34	34	10	24	38.46
COMANDOS							
	÷	+	34	ENTER	10	−	÷

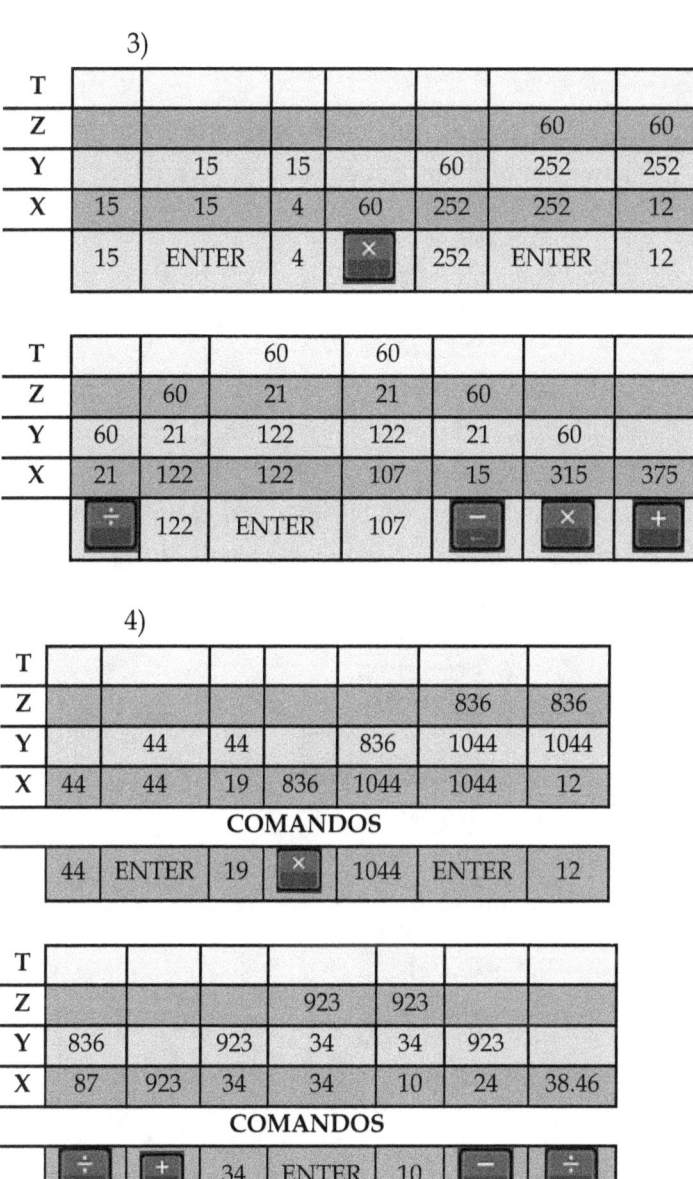

1.11. LOGARITMO NATURAL

O cálculo do logaritmo natural (neperiano) é bastante simples basta apenas digitar o número e apertar os botões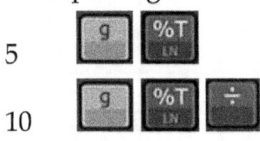

Calcular: ln 22

22

Visor: 3.0910

1.12. Logaritmo Decimal

A calculadora HP-12C não calcula o logaritmo decimal diretamente é preciso fazer seguir os passos do exemplo a seguir:

Exemplo: log 5

5

10

Visor: 0.6990

Exemplo: log 3,7

3.7

10

Visor: 0.5682

1.13. FUNÇÃO EXPONENCIAL

O cálculo da função exponencial é efetuado pelas teclas .

Exemplo: e^4

4

Visor: 54,5982

1.14. RAIZ

Para calcular a raiz quadra de algum número são utilizados as teclas

Exemplo: $\sqrt{1022}$

1022

Visor: 3.9687

Porém, para as raízes que não são a quadrada temos que elevar o número ao inverso da potência. O inverso de um número é calculado através do botão ⬛.

Ademais, para elevar algum número a potência utilização a tecla ⬛.

Seguem alguns exemplos:

1) $\sqrt[3]{27}$

27 ENTER

3 ⬛ ⬛

Visor: 3

2) $\sqrt[5]{170}$

170 ENTER

5

Visor: 2.7931

3) $\sqrt[12]{8438}$

8438 ENTER

12

Visor: 2,1242

4) $\sqrt[7]{321} + \sqrt[6]{508}$

321 ENTER

7

508 ENTER

6

Visor: 5.1055

1.15. Notação Científica

É possível transformar números com até 10 algarismos em notação científica pressionando a tecla  e a .

Exemplo:

5.203,23

Visor: 5,20323_03

1.16. CALENDÁRIO

A função calendário é acionada pelas teclas

 e .

Existem dois formatos de datas. A primeira é a brasileira que é definida por dia/mês/ano, DD.MMYYYY em linguagem da calculadora. A segunda é a americana mês/dia/ano ou MM.DDYYYY. Assim, para expressar o dia 12 de outubro 1991 digitamos:

Notação Brasileira: 12.101991

Notação Americana: 10.121991

Para intercalar entre as duas notações pressiona-se 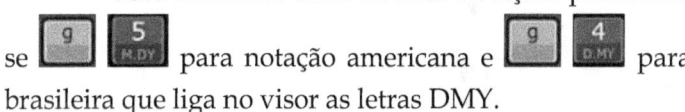 para notação americana e para brasileira que liga no visor as letras DMY.

Quando uma data for expressa pela calculadora, ela virá com um número separado mais à direita do visor. Este número representa o dia da semana e segue a tabela 2:

Tabela 2. Dia da semana correspondente ao número dado pela calculadora.

N°	Dia da semana
1	Segunda-feira
2	Terça-feira
3	Quarta-feira
4	Quinta-feira
5	Sexta-feira
6	Sábado
7	Domingo

Seguem exemplos:

1)	Um empréstimo feito em 15 de maio 2020 é pago 523 dias depois. Qual é a data e o dia da semana de pagamento?

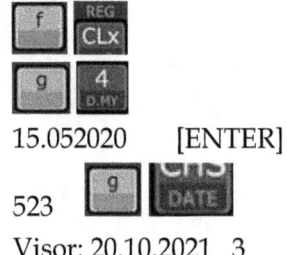

15.052020	[ENTER]

523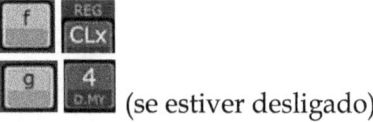

Visor: 20.10.2021	3	Quarta feira

2)	Qual dia da semana será 23 de agosto de 2046?

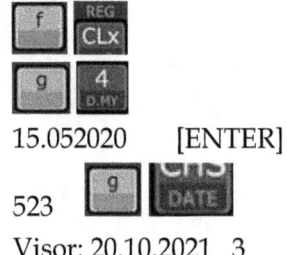

(se estiver desligado)

23.082046   [ENTER]

0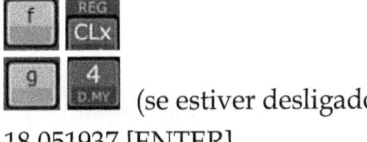

Visor: 23.08.2046_4   Quinta-feira

3)   Qual foi o dia da semana do seu nascimento?

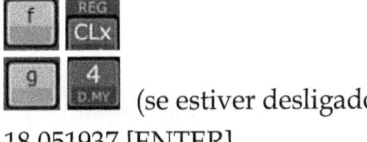 (se estiver desligado)

18.051937 [ENTER]

0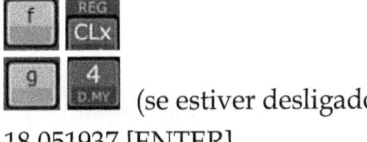

Visor: 18.05.1937_2   Terça-feira

4)   Passados 157 dias de uma aplicação que foi resgatada em 02 de fevereiro de 1970, se quer saber quando foi feita a aplicação.

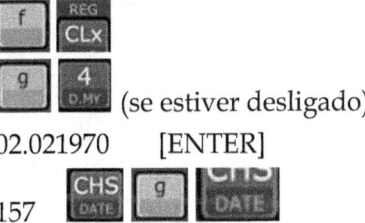 (se estiver desligado)

02.021970   [ENTER]

157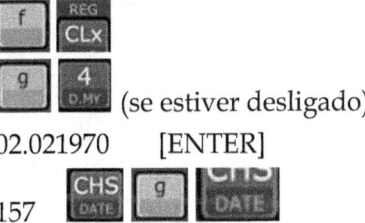

Visor: 29.08.1969_5   Sexta-feira

5)   Uma aplicação realizada em 21 de janeiro de 2015 e resgatada em 22 julho de 2017 tem quantos dias de duração?

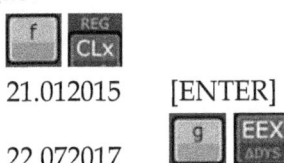

21.012015   [ENTER]

22.072017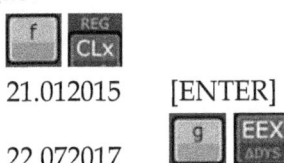

Visor: 913

6)   Quantos dias faltam para seu aniversário?

22.072017   [ENTER]

18.052018

Visor: 300

7)   Quantos dias faltam para o próximo ano?

22.072017   [ENTER]

01.012018

Visor: 163

Observação 1: Existe um limite de data na calculadora que vai de 15 de outubro de 1582 à 24 de novembro de 4046.

Observação 2: No cálculo de dias entre datas é incluído a primeira data e excluída a última.

Observação 3: Apertando-se a tecla [X↔Y] ao final do cálculo de dias entre datas a calculadora considera ano comercial de 360 dias e meses de 30 dias cada.

1.17. PORCETAGEM

Na calculadora financeira existem 3 botões que fazem cálculos percentuais diretamente. Eles estão em destaque na figura 3.

Figura 3. Calculadora com destaque às teclas percentuais.

1.17.1. PERCENTUAL DE UM NÚMERO

O primeiro a ser visto é o  que calcula o percentual de um número.

Vamos aos exemplos:

1)   35% de 1298

1298 [ENTER]

35   %

Visor: 454.30

2)   1200% de 246

246   [ENTER]

1200 %

Visor: 3072.00

3)   1.89% de 804

804   [ENTER]

1.89

Visor: 15.1956

4)   Um carro foi comprado por 13,5% a cima de seu preço tabelado de $32.580,00. Qual foi o preço pago?

32580 [ENTER]

13,5

Visor: 4398.30 (valor do acréscimo)

[+]

Visor: 36978.30

5)   O preço do arroz no supermercado subiu 9,72% no último ano. Sabendo que o valor no ano passado era de $2,89 ao quilo, qual é o preço do quilo de arroz hoje?

2.89   [ENTER]

9.72   [%/INTG]

Visor: 0.2809 (valor do acréscimo)

[+]

Visor: 3.1709

6)   No pagamento à vista de uma máquina de lavar o cliente ganhou 11% de desconto. Sabendo que o preço da máquina era de $1780,29, qual foi o valor pago?

1780,29 [ENTER]

11

Visor: 195.8319 (valor do desconto)

Visor: 1584,4581

7) Uma geladeira foi vendida por $1600,00. Sabendo que o desconto dado foi de 7,65%. Qual o valor sem desconto da geladeira?

1600 [ENTER]

1 [ENTER]

7.65

Visor: 1722.40

8) Ao pagar a parcela atrasada de seu veículo, o cliente percebeu que houve um acréscimo de 20% no valor. Sabendo que o valor pago foi de 683,78, qual era o valor da parcela?

683.78 [ENTER]

1 [ENTER]

20

Visor: 569,82

9) Ao comprar um notebook à vista com 12,7% de desconto pagou-se 3.215,46. Qual era o valor antes do desconto?

3215.46 [ENTER]

1 [ENTER]

12.7

Visor: 3623.8234

Leonardo Berteli Piveta

1.17.2. VARIAÇÃO PERCENTUAL

O segundo a ser visto é o botão da variação percentual [Δ%/FRAC].
Seguem exemplos:

1) Um apartamento foi comprado por $150.000,00 e vendido por $165.000,00. Qual o percentual de valorização do imóvel?

150000 [ENTER]

165000 [Δ%/FRAC]

Visor: 10

2) Uma indústria vende seus produtos à $9,44. Sabendo que o custo de fabricação por produto é de $6,64, qual é o lucro bruto por peça?

9.44 [ENTER]

6.64 [Δ%/FRAC]

Visor: 29.6610

3) Um carro foi comprado por $25.500,00 e vendido por $21.300,00. Qual foi o ganho da operação?

25500 [ENTER]

21300 [Δ%/FRAC]

Visor: -16,4706

4) Nos últimos meses o tomate teve ajustes de 5,5%, 6,5% e 4,5%. Sabendo que o preço do quilo era

de $4,30. Qual é o preço atual do tomate e de quanto foi o aumento no período? (Resposta: $5,05 e 17,44%)

5) Se um bem se valoriza em 15,5% em um ano, 12,39% em outro e em -7,89% no último. Qual é o valor atual do bem sabendo que ele foi adquirido por $157,00? Qual foi a valorização no período? (Resposta: $187,72 e 19,57%)

1.17.3. PERCENTUAL RELATIVO

A última função de percentual é o percentual relativo ⬛. Seguem exemplos:

1) De cada 1500 carros vendidos, 1098 são populares. Qual é o percentual de carros populares vendidos?

1500 [ENTER]

1098 ⬛

Visor: 73.20

2) Para saber se a reforma da casa é viável, considerou-se que o custo da reforma não poderia exceder os 30% do valor do imóvel. Sabendo que o valor do imóvel é 235.600,00 e o custo da obra será de 46.540,00, a reforma será executada?

235600 [ENTER]

46540 ⬛

Visor: 19.7538

3) As despesas mensais de uma família seguem a tabela abaixo. Quais são os percentuais de peso de cada item no orçamento da família? A renda da família é de $3.500,00

> Alimentação - $700,00
> Aluguel - $650,00
> Luz - $185,00
> Água - $100,00
> Telefone - $258,00
> Transporte - $800,00

3500   [ENTER]

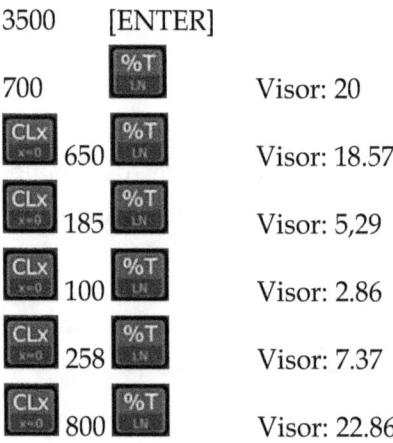

700	Visor: 20
650	Visor: 18.57
185	Visor: 5,29
100	Visor: 2.86
258	Visor: 7.37
800	Visor: 22.86

4) A e B são produtos similares. Sabendo que os dois no início do período valiam $11,74. A sofreu dois reajustes de 8,66% e 4,95%. Por sua vez, B sofreu três aumentos de preço de 2,67%, 1,70% e 10,25%. Qual é o valor dos dois produtos ao final do período? Qual foi a variação total no período dos dois produtos? Quanto o preço de A representa do valor de B?

Observação: O botão [x≷y] inverte a posição da memória X e Y. E o botão [LSTx] chama na tela o último valor de X.

Produto A

11.74 [ENTER]

8.66 [%INTG] [+]

4.95 [%INTG] [+]

Visor: 13.3881

*Preço de A após os aumentos

[ENTER]

11.74 [x≷y] [Δ%FRAC]

Visor: 14.0387

*14,0387% foi o aumento de A

Produto B

11.74 [ENTER]

2.67 [%INTG] [+]

1.70 [%INTG] [+]

10.25 [%INTG] [+]

Visor: 13.5148

*Preço de B após os aumentos

[ENTER]

11.74 [x≷y] [Δ%FRAC]

Visor: 15.1180

*15,1180% foi o aumento de B

Leonardo Berteli Piveta

13.3881

Visor: 99.0625

O preço de a representa 99,0625% do preço de B.

CAPÍTULO 3.

JURO SIMPLES

Para juros simples são utilizados as teclas em destaque na figura 4 e na tabela 3 temos a descrição das funções:

Figura 4. Destaque das teclas para cálculo de juros simples.

Tabela 3. Descrição teclas para cálculo dos juros simples.

n	– registra o número de períodos
i	– registra a taxa de juros
PV	– registra o capital ou valor presente
f i	– calcula o valor de juros

Na calculadora HP 12C para cálculo de juros simples, é necessário sempre inserir os valores de períodos em dias e a taxa de juros em anos. E, apenas quando são calculados os juros e o valor futuro que são utilizadas as teclas citadas a cima, caso contrário, temos que fazer o cálculo utilizando a equação normal dos juros simples. A seguir, temos alguns exemplos:

1) Um valor de $7.480,00 foi aplicado à taxa de juro simples de 26% ao ano, durante oito meses. Qual é o valor do juro simples?

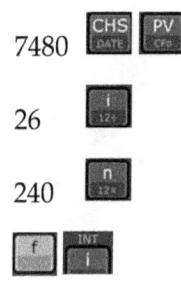

Visor: 1.296,53

2) Recursos recebidos de $50.000,00 foram aplicados a juros simples na taxa de 10% ao ano durante um período de 90 dias. Quanto rendeu a aplicação e quanto resgatou ao final?

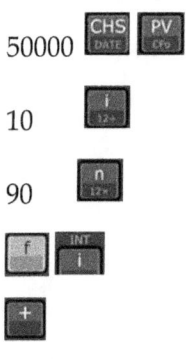

Visor: 51.250,00

3) Foi depositado $1.110,00 e no final do período foi retirado $1.376,40, a uma taxa de juro simples de 4% ao mês, qual foi o período da aplicação?

1376.40 [ENTER]

1110

1110 [ENTER]

4 [ENTER]

100 [÷] [×] [÷]

Visor: 6 meses

4)Qual foi o capital investido em uma aplicação que o montante é $500,00, a taxa de juros 1,5% ao mês e prazo de 4 meses?

500 [ENTER]

1 [ENTER]

1.5 [ENTER]

100 [÷]

4 [×] [+]

[÷]

Visor: 471.70

5) Foi contratado um empréstimo de $12.000,00 a ser pago em 10 meses e numa taxa de 2% ao mês.

40

Determinar os juros simples e o montante pagos. (Juros=2.400,00; Montante=14.400,00)

6) Uma dívida de valor de $107.000,00 está vencida há 21 dias. Se a taxa de juros para liquidação da dívida é de 102% ao ano, determine o montante pago. (Montate=113.366,50)

7) Calcular a taxa de juro simples mensal para um valor de aplicação de $30.000,00: a) o investidor apura um montante de $31.305,00 após 3 meses; B) os juros apurados totalizam $3.612,00 em 6 meses; c) os juros totais após 5 anos foram de $32.805,00; (a=1,45%;b=2,01%;c=21,87%)

Leonardo Berteli Piveta

CAPÍTULO 4.

DESCONTO SIMPLES

Leonardo Berteli Piveta

O capítulo quatro trata do estudo do desconto simples comercial, pois é amplamente usado. O cálculo e as funções são muito similares ao juro simples, como é possível notar nos exemplos:

1)   Um título de R$ 7.900,00 foi descontado quatro meses antes do seu vencimento. Sabemos que a taxa corrente em desconto comercial é de 15% ao ano. Calcule o desconto comercial e o valor que o proprietário do título recebeu.

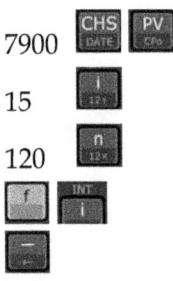

Visor: 7.505,00

2)   Seja um título de $12.000,00 vencível em um ano que está sendo liquidado 120 dias antes de seu vencimento. Sendo de 42% a.a. a taxa de desconto adotada, pede-se calcular o desconto e o valor dessa operação.

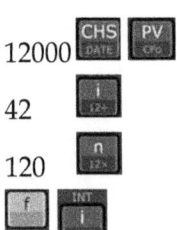

Visor: 10.320,00

3) Determinar a taxa de desconto "por fora" de um título negociado 45 dias antes de seu vencimento, sendo seu valor de resgate igual a $31.000,00 e valor atual na data do desconto de $25.765,70.

25765,70	[ENTER]
31000	
31000	[ENTER]
45	× ÷
100	×

Visor: 0,375 % ao dia

4) Uma duplicata de $8.6300,00 foi resgatada antes de seu vencimento por $7.172,00. Calcule o tempo de antecipação, sabendo que a taxa de desconto comercial foi de 5% ao mês. (Período=3 meses)

5) Um título foi descontado à taxa de 1,40% ao dia, estando a 40 dias de seu vencimento. Sabendo que o valor do desconto comercial simples foi de R$ 1.640,00, calcule o valor nominal do título.

1640 [ENTER]
1 [ENTER]
1.4 [ENTER]
100 ÷
40 × +
×

Visor: 2.558,40

6) Uma dívida foi paga 4 meses antes do seu vencimento, a uma taxa de desconto comercial simples de 2,5% a.m. Sabendo que o valor líquido pago foi de $3.849,00 determine o valor nominal da dívida. (Montante=4.233,90)

CAPÍTULO 5.

JURO COMPOSTO

Para juros compostos são utilizados as teclas em destaque na figura 5:

Figura 5. Teclas utilizadas para cálculo de juros compostos.

As descrições das funções das teclas que calculam os juros compostos estão na tabela 4:

Tabela 4. Descrição das teclas de juros compostos.

n – registra o número de períodos	
i – registra a taxa de juros	
PV – registra o capital ou valor presente	
FV – registra o montante ou valor future	

O cálculo do juro composto é um pouco diferente ao do juro simples. Por sua vez, esta função não tem limitação, ou seja, podemos calcular todas as variáveis: período, taxa de juros, montante e capital apenas utilizando as teclas correspondentes.

Acrescenta-se que a taxa de juros e o período devem estar na mesma classe temporal. Assim, se a taxa de juros for inserida em anos o período também deve ser em anos ou se taxa de juros for inserido em meses o período também deverá estar em meses.

Seguem exemplos:

1)   Um empréstimo tomado de $ 35.000,00 a uma taxa de juro de 3,5% ao mês, pelo prazo de 19 meses, com capitalização composta. Qual o valor a ser pago no final do período?

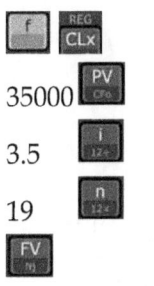

Visor: 67.287,55

2)   Um título de renda fixa deverá ser resgatado por $ 21.928,00 daqui a dois anos. Sabendo que o rendimento desse título é de 14,5% ao ano, determine o seu valor atual.

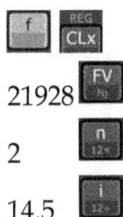

PV
Cfo

Visor: 16.725,84

3)   Um capital de $ 6.200,00 foi aplicado a juro composto, durante quatro meses e resultou num montante de $8.617,95. Qual a taxa de juro composto utilizada nessa operação?

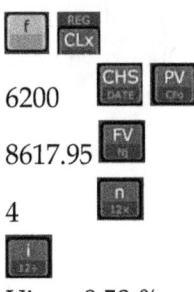

6200

8617.95

4

Visor: 8.58 %

4)   Determine em que prazo um financiamento de $30.000,00 pode ser quitado em um único pagamento de $45.626,25, sabendo que a taxa contratada é de 15% ao semestre em regime de juro composto.(n= semestres)

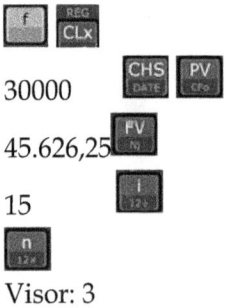

30000

45.626,25

15

Visor: 3

5) Foi aplicado um capital de $1.000,00 a juro composto, a uma taxa de 1,2% ao mês, durante doze meses. Qual serão os juros obtidos?

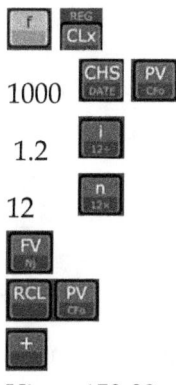

1000

1.2

12

Visor: 153,89

6) Um televisor custa, à vista, $3.990,00. A loja propõe ao comprador que leve o aparelho sem entrada e o pague de uma só vez, daqui a sessenta dias, a uma taxa de juro composto de 3,21% ao mês. Por quanto sairá o televisor? (Montante=4.250,27)

7) Um capital de $ 136.000,00 foi aplicado durante um ano, a uma taxa de 1,34% ao mês. Qual foi o valor do juro composto produzido? (Juros=23.554,74)

8) O montante produzido por $7000,00, aplicado em regime de juro composto a 5% ao mês, durante 10 meses. (Montante=4.297,39)

9) O capital inicial que, no prazo de 4 meses, a 3,5% ao mês, produziu um montante de $7.922,00 no regime de juro composto. (Capital=6.903,57)

10) Uma loja financia um bem de consumo durável, no valor de $45.200,00, sem entrada, para pagamento em uma única prestação de $52.147,23 no final de 18 meses. Qual a taxa mensal cobrada pela loja? (Taxa de juros [i]=0,8%)

11) Qual será o montante de $3500,00, a juro composto de 25% ao ano, em 3 anos e 10 meses?

[4]

→Este comando permite inserir valor fracionário no período (n)

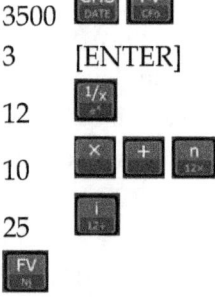

3500

3 [ENTER]

12

10

25

Visor: 8.232,968

12) Suponha que você queira comprar um carro daqui a dois anos. O preço do modelo 0 km que você pretende adquirir tem se mantido estável ao longo do tempo ($150.000,00). Sabendo que a poupança remunerará seus depósitos a juros compostos com uma taxa de 6,5% ao ano, que valor você deve depositar hoje para atingir seu objetivo? (Capital=132.248,89)

CAPÍTULO 6.

DESCONTO COMPOSTO

Quando é feito o cálculo do desconto composto são utilizadas as mesmas teclas de quando é feio o cálculo do juro composto. Vale salientar que temos dois tipos de desconto: o racional e o comercial, porém é o primeiro o mais utilizado.

Seguem exemplos dos dois tipos de desconto realizados na HP 12C:

1)   O valor de um título é de $12.000,00 e é descontado seis meses antes do vencimento, a uma taxa de desconto comercial composto de 1,3% ao mês, capitalizável mensalmente. Qual foi o valor pago?

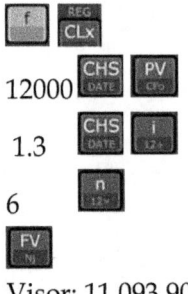

Visor: 11.093,90

2)   Calcular a taxa de desconto comercial composto de um título de $14.779,11 descontado sete meses antes do vencimento, recebendo líquido o valor $12.345,78.

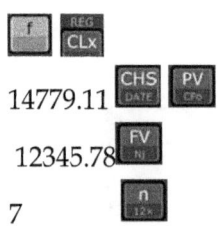

Visor: -2.54 %

3)   Calcular o desconto racional de um título de valor nominal de $6.000,00 descontado 3 meses antes de seu vencimento à taxa de 4% a.m.

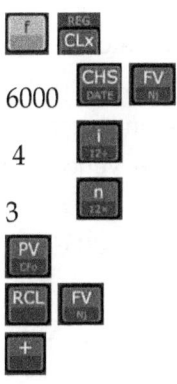

6000

4

3

Visor: 666,02

4)   Um título de $52.000,00 é descontado um ano antes do vencimento, por desconto racional composto, pelo valor de $49.227,99. Calcule a taxa mensal de desconto. (i=%a.m.)

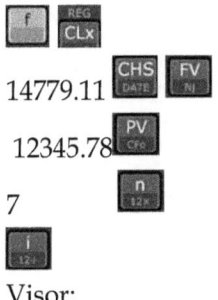

14779.11

12345.78

7

Visor:

5)   Determine o valor do desconto racional composto de um título de $33.772,00 descontado dez meses antes de seu vencimento, à taxa efetiva de desconto racional composto de 16,1% a.a. (Desconto Racional=3.950,32)

6)   Um título foi resgatado seis meses antes do seu vencimento, por desconto racional composto, a uma taxa de desconto igual a 0,89% a.m. Como o valor atual foi de $9.339,02, qual era o valor nominal do título? (Montante=8.855,49)

7)   Determine o desconto comercial composto de um título de $100.000,00 que vencerá daqui a dois anos e meio, supondo uma taxa efetiva de desconto igual a 2,2% a.m. (Desconto Comercial=51.305,70)

CAPÍTULO 7.

RENDAS OU SÉRIES UNIFORMES

Leonardo Berteli Piveta

Para o cálculo de rendas ou séries uniformes são utilizados os mesmos botões que o cálculo de juro composto com o acréscimo da tecla , conforme mostrado na figura 6. Ademais, existem três tipos de renda que serão vistos separadamente com seus respectivos exemplos.

Figura 6. Destaque para as teclas usadas no cálculo de rendas uniformes.

1.18. MODELO BÁSICO DE RENDA (MODELO-PADRÃO)

O primeiro é o modelo básico de renda sem entrada. Seguem os exemplos com seus passos na calculadora:

1) Determinar o valor à vista (valor atual) de uma série de 15 prestações iguais a $3.500,00, vencíveis mensalmente, a partir do primeiro mês (sem entrada),

sabendo que a taxa de juro composto utilizada é de 3% ao mês.

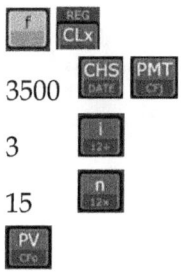

Visor: 41782.77

2) Uma geladeira custa, à vista, $3.780,00, mas pode ser financiada sem entrada e em dezoito prestações mensais iguais considerando uma taxa de juro de 3,79% a.m., determinaremos qual será o valor de cada prestação.

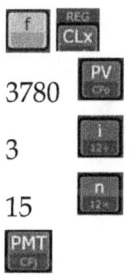

Visor: 316.64

3) Um depósito feito mensalmente numa caderneta de poupança programada o valor de $600,00. Sabendo que a renda média da poupança, nos últimos seis meses, foi 0,65% a.m., determinaremos quanto Geraldo possuirá no momento do sexto depósito.

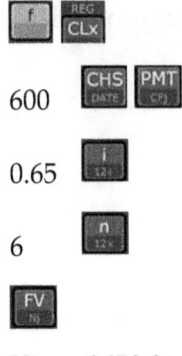

Visor: 3659.01

1.19. RENDA ANTECIPADA

A renda antecipada se caracteriza por ter uma parcela paga na entrada. Para indicar que as parcelas são antecipadas, é necessário pressionar as teclas 🅖 🅷, isso ligará no visor da calculadora a palavra BEGIN, indicando que a primeira parcela é considerada como entrada. Caso se queira voltar a trabalhar com rendas postecipadas, são pressionadas as teclas 🅖 🅷. Seguem exemplos:

1) Uma geladeira que custa à vista $4.540,00. Suponha que faremos um financiamento em dez prestações iguais, com uma taxa de juro composto de 2,31% a.m., com uma das prestações paga no ato da compra. Qual será o valor das prestações?

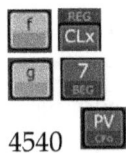

2.31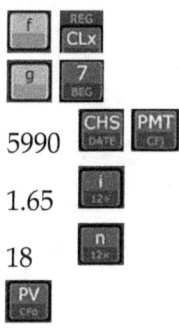

10

PMT

Visor: 502.08

2)   Um terreno é anunciado em 18 prestações mensais iguais de $ 5.990,00, sendo que o primeiro pagamento ocorrerá no ato da compra. Verifique o preço à vista desse terreno, sabendo que a taxa de juro utilizada para cálculo das prestações foi de 1,65% a.m. (C=)

5990

1.65

18

PV

Visor: 502.08

3)   Ao comprar um automóvel daqui a quatorze meses, no valor de $41.500,00. Quanto deverá aplicar no início de cada mês, se receber juro a uma taxa de 1,21% a.m.? (Parcela=2.705,42)

1.20. RENDA DIFERIDA

Quando se fala em renda diferida, estamos contando um período de carência na série. Seguem os exemplos os passos que devem ser executados na calculadora HP 12C para o cálculo de uma prestação com prazo de carência:

1) Uma financeira receberá quinze prestações mensais iguais a $5.845,00 com uma carência de sete meses. Sabendo que a taxa de juro é de 2,65% a.m., determinar o valor atual com as prestações vencendo no final do intervalo.

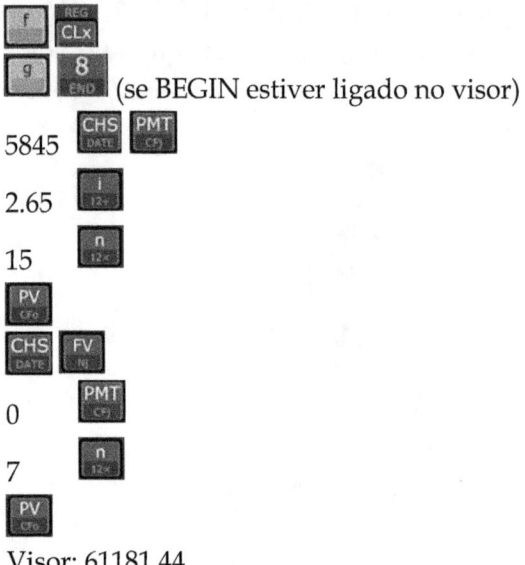

(se BEGIN estiver ligado no visor)

Visor: 61181.44

2) Trinta prestações mensais, iguais a $3.500,00, com uma carência de oito meses. Sabendo que a taxa de juro utilizada foi de 4,59% a.m., determine o valor atual, com as prestações vencendo no início do intervalo com e sem carência.

3500 [CHS] [PMT]

4.59 [i]

30 [n]

[PV]

Visor: 59001.65 → capital sem período de carência

[CHS] [FV]

0 [PMT]

8 [n]

[PV]

Visor: 41204.33 → capital com período de carência

Exercícios:

1) Quanto devemos depositar mensalmente numa caderneta de poupança que oferece uma taxa de juro de 0,98% a.m., em média para termos acumulado no final de oito anos um montante de $50.000,00? Considere renda antecipada. (Parcela=313,00)

2) Um empréstimo cujo valor principal é de $40.000,00 foi realizado com a taxa de juro efetiva de 2,4% a.b., capitalizados bimestralmente e deverá ser liquidado com o pagamento de doze prestações bimestrais, iguais e sucessivas. Determine o valor dessas prestações. Utilize 3 casas. (Parcela=3.875,912)

3) Ao adquirir um eletrodoméstico, uma pessoa compromete-se a efetuar seis pagamentos mensais de $240,00, no início do período. Se a loja cobra uma taxa de juro de 1,5% a. m., qual é o preço à vista do eletrodoméstico? (Capital=1.387,84)

4) Uma pessoa efetua 48 depósitos mensais no valor de $800,00 cada um, com entrada. Se a financeira remunera esses depósitos à taxa de juro de 1,2% a.m., qual é o montante produzido pelas aplicações um mês após o último depósito? (Montante=52.139,58)

5) Um terreno custa $235.000,00 à vista, foi dado 30% de entrada, o restante foi dividido em 120 prestações mensais, sem entrada, com taxa de juro de 3.5% ao mês. Qual é o valor da prestação? (Parcela=5.851,79)

6) Uma operação de financiamento para a compra de uma máquina cujo valor à vista é de $145.000,00 e que será adquirida em quinze prestações mensais e iguais, sem entrada, de $11.066,27. Qual é a taxa interna de retorno dessa operação?(Taxa de juro [i] = 1,74%)

CAPÍTULO 8.

DEPRECIAÇÃO

Leonardo Berteli Piveta

A calculadora HP 12C nos permite utilizar para o cálculo da depreciação três métodos diferentes: fixo linear, soma de dígitos do ano e saldo decrescente. A figura 7 mostra onde se localizam as teclas de depreciação.

Figura 7. Em destaque as teclas da função depreciação.

As três teclas da calculadora têm suas funções definidas na tabela 5.

Tabela 5. Descrição das teclas de depreciação.

%T	– registra a depreciação do método fixo linear
Δ%	– registra a depreciação do método soma de dígitos do ano
%	– registra a depreciação do saldo decrescente

Deve-se lembrar de que o valor do período será sempre inserido em anos.

1.21. Método Fixo Linear

Os primeiros exemplos tratarão do cálculo da depreciação pelo método fixo linear:

1)   Determine a depreciação fixa linear de um equipamento de que foi adquirido por $20.000,00 e com uma vida útil de oito anos.

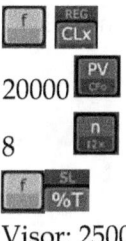

Visor: 2500

2)   Determine a depreciação fixa linear de uma máquina que fora adquirida por $35.000,00 e possuí uma vida útil estimada de oito anos. O valor residual ao final do período é de $10.000,00.

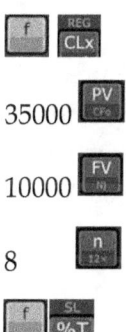

Visor: 3125

1.22. MÉTODO DE SOMA DE DÍGITOS DO ANO

A seguir, são apresentados os exemplos que utilizam o método de depreciação de soma de dígitos do ano:

1) Determine o valor da depreciação no primeiro ano pelo método de soma de dígitos do ano de um carro que foi comprado por $40.000,00 e que tem vida útil de 5 anos, considerando um valor residual de R$8.000,00.

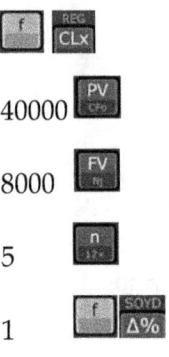

Visor: 10666,67

2) Qual é o valor da depreciação no terceiro ano de uso de um equipamento que foi comprado por um valor de $18.000,00? Sabendo que sua vida útil é de dez anos e o valor residual é de $4.500,00.

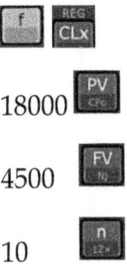

3   [f] [SOYD / Δ%]

Visor: 1963.64

1.23. MÉTODO DE SALDO DECRESCENTE

Nos próximos exemplos, e utilizado o método de saldo decrescente para o cálculo da depreciação:

1) Um equipamento que tem vida útil de 8 anos e foi adquirido por $100.000,00. Utilizando o método de saldo decrescente duplo (200%) calcular a depreciação do item no quinto ano.

[f] [REG / CLx]

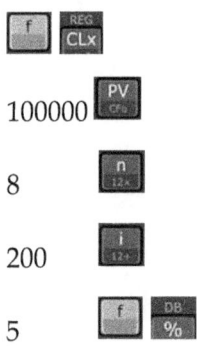

100000 [PV / CFo]

8   [n / 12x]

200   [i / 12÷]

5   [f] [DB / %]

Visor: 7910.16

2) Um bem que foi adquirido por $15.000,00 e possui uma vida útil de doze anos. Sabendo que o valor residual é de $2.000,00, calcule a depreciação no oitavo e décimo ano utilizando o saldo decrescente de 150%.

15000 [PV / CFo]

2000 [FV / N]

12 [n / 12×]

150 [i / 12÷]

8 [f] [DB / %]

Visor: 736.31

10 [f] [DB / %]

Visor: 563.73

CAPÍTULO 9.

TAXA INTERNA DE RETORNO E VALOR PRESENTE LÍQUIDO

Leonardo Berteli Piveta

No cálculo de taxa de retorno e valor presente líquido iremos utilizar as teclas em destaque na figura 8.

Figura 8. Destaque para as teclas que calculam o valor presente líquido e taxa interna de retorno.

A tabela 6 descreve as teclas e suas funções que serão utilizadas neste capítulo.

Tabela 6. Descrição das teclas para cálculo do valor presente líquido e taxa interna de retorno.

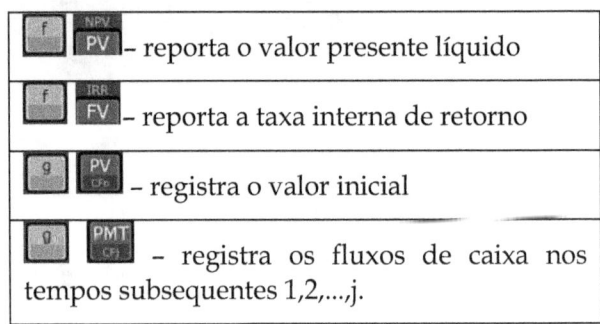

f **PV** NPV – reporta o valor presente líquido	
f **FV** IRR – reporta a taxa interna de retorno	
g **PV** CFo – registra o valor inicial	
g **PMT** CFj – registra os fluxos de caixa nos tempos subsequentes 1,2,...,j.	

1.24. TAXA INTERNA DE RETORNO

Para o cálculo da taxa interna de retorno utilizaremos a tecla **FV**, como seguem os exemplos:

1)   Um financiamento de $8.000,00 que será pago em três parcelas consecutivas de R$2.000,00, $3.050,00 e $3.500,00, respectivamente. Calcular o custo efetivo do financiamento.

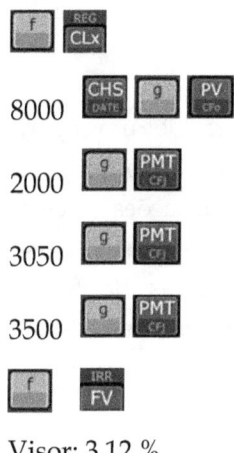

8000

2000

3050

3500

Visor: 3.12 %

2)   Uma compra à vista é de $678,00 pode ser paga com uma entrada de 10%, mais três parcelas mensais de $200,00, $250,00 e $300,00, respectivamente. Considerando que a primeira parcela será paga três meses após a compra, qual o custo efetivo do financiamento?

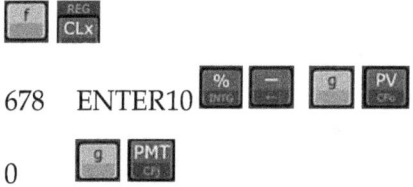

678   ENTER10

0

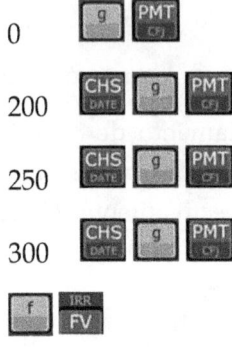

Visor: 5.14 %

3)   Uma compra de um apartamento cujo valor à vista era de $520.000,00. Foi pago com $80.000,00 de entrada, mais dez prestações mensais, iguais e consecutivas de $33.000,00, e outras dezesseis prestações mensais, iguais e consecutivas de $30.000,00. Como calcular a taxa interna de retorno desse financiamento?

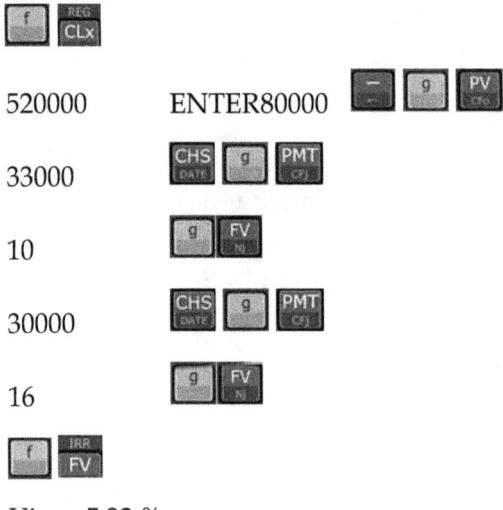

Visor: 5.32 %

4) Determinar a taxa interna de retorno de um empréstimo de $53.900,00 a ser liquidado em seis pagamentos mensais e consecutivos de $6.500,00, $7.900,00, $9.700,00, $11.000,00, $12.000,00 e $13.500,00. (TIR=2.87%)

5) Uma aplicação financeira de caixa $77.000,00 no momento inicial, e os seguintes benefícios esperados de caixa ao final dos três meses imediatamente posteriores: $14.000,00; 32.000,00 e $13.000,00. Determinar a rentabilidade mensal efetiva dessa operação. (TIR=-12.39%)

1.25. VALOR PRESENTE LÍQUIDO

Nos exemplos a seguir, é calculado o valor presente líquido utilizando a tecla [PV]:

1) Um veículo para aluguel é comprado por $40.000,00, sabendo que as receitas líquidas estimadas, em cinco anos são de $8.000,00, $12.500,00, $22.200,00, $25.000,00 e 33.150,00, respectivamente. Calcule o valor presente líquido para uma taxa de 15%.

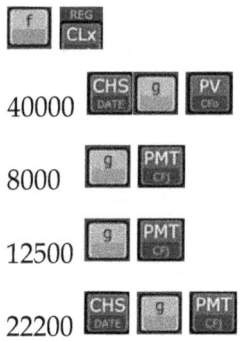

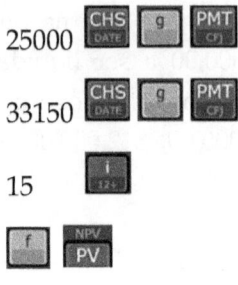

Visor: 21780.42

2) Dado uma carteira de investimentos composta por 4 títulos que pagam 4 fluxos de caixa idênticos no valor de $1.900,00 em n=1, n=2, n=3 e n=4, com uma taxa de desconto de 7.5% por período, calcule o valor deste ativo.

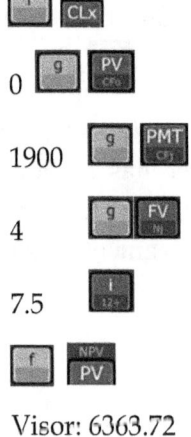

Visor: 6363.72

3)   Uma   empresa   está   avaliando   um investimento em uma nova unidade de negócios. O valor a ser investido no momento zero atinge $2.780.000,00, prevendo-se os seguintes fluxos de caixa ao final dos próximos 4 anos: $320.000,00, $380.000,00, $890.000,00 e $1.990.000,00. A taxa esperada de retorno 17%. Qual o valor presente líquido? (VPL=-611247.19)

4)   Um projeto deve pagar no futuro 4 fluxos de caixa nos valores de $12.000,00, $13.900,00, $18.300,00 e $21.700,00. A taxa apropriada para desconto é de 12,25% por período. Pergunta-se: qual o valor desse ativo? (Capital=26.265,77)

5)   Qual é o VPL do ativo que apresenta os seguintes 4 fluxos de caixa projetados: $2.134,00 em n=1 ano, $2.669,00 em n=2 anos, $2.538,00 em n=3 anos e $3.152,30 em n=4 anos? A taxa de desconto é 15% ao ano. O custo do ativo é $5.000,00. (VPL=2.344,91)

6)   Um veículo adquirido por $49.000,00 e que a taxa mínima de retorno desejada seja de 18% a.a. Considerando receitas líquidas de $8.000,00, $12.500,00, $22.200,00, $25.000,00 e 33.150,00, respectivamente, a empresa deve ou não investir nos veículos? (VPL=7.653,46)

7)   Um projeto com custo único inicial de $15.750,00 que fornece um fluxo de caixa mensal de no valor de $2.977,00, durante 6 meses. Qual é a taxa interna de retorno? ([i]=3.72%)

8)   Você tem uma carteira de investimentos composta de 6 títulos. Você tem a intenção de vendê-los e considera uma taxa de desconto de 2,5% ao mês, qual é o valor de venda de sua carteira de investimentos? (VPL=9.581,25)

	Quant	Valor	Venc.
Título 1	1	2.000,00	30 dias
Título 2	2	1.700,00	60 dias
Título 3	1	2.000,00	90 dias
Título 4	2	1.400,00	120 dias

9)   Uma distribuidora de títulos oferece uma taxa de 7,5% ao mês em 5 papéis, todos com o valor de $11.430,00, com vencimentos variados de 30, 60 e 90 dias. Desejando constituir uma carteira de investimentos, você decide adquirir 2 títulos de 30 dias, 3 títulos de 60 dias e 1 título de 90 dias. Qual deverá ser o valor do seu investimento? (VPL=60.138,07)

10)   Você tem um projeto que demandará um investimento inicial único de $150.000,00. Este investimento fornecerá, durante 8 meses um fluxo de caixa, já deduzidos os impostos e as taxas, de $32.000,00. Suponha que você tenha feito o levantamento do capital necessário no mercado a uma taxa de 1,89% ao mês por um prazo de 8 meses. O sistema adotado pelo banco para o pagamento do empréstimo é o Sistema *Price*. Determine o valor presente líquido deste projeto. Diga se ele é viável ou não. (VPL=85.530,70)

11)   Qual é a TIR de um projeto que custa $220.000,00 e retorna 6 fluxos de caixa mensais no valor de $46.260,00?([i]=7,07%)

CAPÍTULO 10.

AMORTIZAÇÃO

N a calculadora HP 12C é possível fazer o cálculo das amortizações de um financiamento ou empréstimo realizado pelo sistema francês ou *price* utilizando a tecla 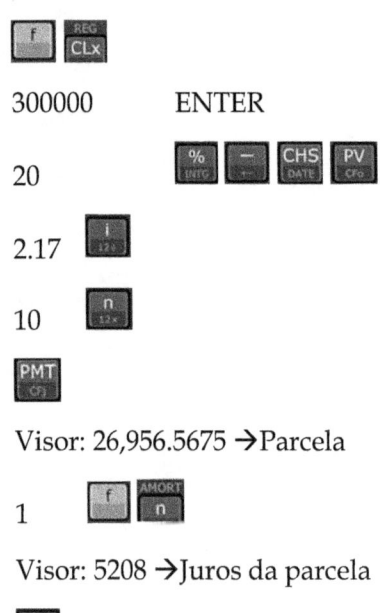. No exemplo a seguir, é mostrada a rotina na calculadora para a formação da tabela *price*.

1) Um apartamento no valor $300.000,00 foi financiado pelo sistema francês de amortização, sem correção monetária. Foi dado de entrada 20% do valor e o restante quitado em dez parcelas mensais, iguais e sucessivas. Sabendo que a taxa de juros é de 2,17% ao mês. Monte a tabela do financiamento.

300000   ENTER

20

2.17

10

Visor: 26,956.5675 →Parcela

1

Visor: 5208 →Juros da parcela

Visor: 21748,57 →Amortização

Visor: 218251.43 →Saldo devedor

1 [f] [n]

Visor: 4736,06 →Juros da parcela

[x≷y]

Visor: 22220,51 →Amortização

[RCL] [PV]

Visor: 196030.92 →Saldo devedor

O processo é repetido até a décima parcela.

1 [f] [n]

Visor: 572,53 →Juros da parcela

[x≷y]

Visor: 26384.03 →Amortização

[RCL] [PV]

Visor: 0 →Saldo devedor

Tabela 7. Tabela sistema Price do exercício 1.

N da parcela	Valor da parcela	Amortização	Juro da parcela	Saldo devedor
0	-	-	-	R$ 240,000.00
1	R$ 26,956.57	R$ 21,748.57	R$ 5,208.00	R$ 218,251.43
2	R$ 26,956.57	R$ 22,220.51	R$ 4,736.06	R$ 196,030.92
3	R$ 26,956.57	R$ 22,702.70	R$ 4,253.87	R$ 173,328.22
4	R$ 26,956.57	R$ 23,195.35	R$ 3,761.22	R$ 150,132.88
5	R$ 26,956.57	R$ 23,698.68	R$ 3,257.88	R$ 126,434.20
6	R$ 26,956.57	R$ 24,212.95	R$ 2,743.62	R$ 102,221.25
7	R$ 26,956.57	R$ 24,738.37	R$ 2,218.20	R$ 77,482.88
8	R$ 26,956.57	R$ 25,275.19	R$ 1,681.38	R$ 52,207.69
9	R$ 26,956.57	R$ 25,823.66	R$ 1,132.91	R$ 26,384.03
10	R$ 26,956.57	R$ 26,384.03	R$ 572.53	R$ 0.00

2)   Um empréstimo no valor de $125.000,00 foi feito pelo sistema *price*, sem correção monetária. Esta operação teve carência de seis meses e foi quitada em seis parcelas iguais, mensais e sucessivas. Sabendo que a taxa de juros é de 3,05% ao mês, monte a tabela do empréstimo.

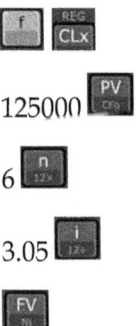

Visor: 149691.79 →Saldo devedor após período de carência

0

Visor: 27678.54 →Parcela

1 [f] [n] AMORT

Visor: 4565.60 →Juros da parcela

[x≷y]

Visor: 23112.94 →Amortização

[RCL] [PV]

Visor: 126578.85 →Saldo devedor

1 [f] [n] AMORT

Visor: 3860.65 →Juros da parcela

[x≷y]

Visor: 23817.89 →Amortização

[RCL] [PV]

Visor: 102760.96 →Saldo devedor

O processo é repetido até a sexta parcela.

1 [f] [n] AMORT

Visor: 819.21 →Juros da parcela

Visor: 27678.54 →Amortização

Visor: 0 →Saldo devedor

Tabela 8. Tabela sistema Price do exercício 2.

N da parcela	Valor da parcela	Amortização	Juro da parcela	Saldo devedor
0	-	-	-	R$ 149,691.79
1	R$ 27,678.54	R$ 23,112.94	R$ 4,565.60	R$ 126,578.85
2	R$ 27,678.54	R$ 23,817.89	R$ 3,860.65	R$ 102,760.96
3	R$ 27,678.54	R$ 24,544.33	R$ 3,134.21	R$ 78,216.63
4	R$ 27,678.54	R$ 25,292.93	R$ 2,385.61	R$ 52,923.70
5	R$ 27,678.54	R$ 26,064.37	R$ 1,614.17	R$ 26,859.33
6	R$ 27,678.54	R$ 26,859.33	R$ 819.21	R$ 0.00

3)   Um financiamento de $20.000,00 realizado pelo sistema francês de amortização, com taxa de juros de 1,5% ao mês e dividido em 7 prestações. Calcula o valor das prestações considerando que o financiamento foi feito com entrada de 30% e sem entrada. Depois, monte a tabela do financiamento considerando entrada de 25% e carência de 3 meses.

www.ingramcontent.com/pod-product-compliance
Lightning Source LLC
Chambersburg PA
CBHW072202170526
45158CB00004BB/1743